BEI GRIN MACHT SICH IHR WISSEN BEZAHLT

- Wir veröffentlichen Ihre Hausarbeit, Bachelor- und Masterarbeit
- Ihr eigenes eBook und Buch - weltweit in allen wichtigen Shops
- Verdienen Sie an jedem Verkauf

Jetzt bei www.GRIN.com hochladen und kostenlos publizieren

Ausdauertrainingsplanung für eine 30-jährige männliche Person ohne Trainingserfahrung

Loris Krempchen

Bibliografische Information der Deutschen Nationalbibliothek:

Die Deutsche Nationalbibliothek verzeichnet diese Publikation in der Deutschen Nationalbibliografie; detaillierte bibliografische Daten sind im Internet über http://dnb.d-nb.de abrufbar.

ISBN: 9783389094181
Dieses Buch ist auch als E-Book erhältlich.

© GRIN Publishing GmbH
Trappentreustraße 1
80339 München

Alle Rechte vorbehalten

Druck und Bindung: Books on Demand GmbH, Norderstedt Germany
Gedruckt auf säurefreiem Papier aus verantwortungsvollen Quellen

Das vorliegende Werk wurde sorgfältig erarbeitet. Dennoch übernehmen Autoren und Verlag für die Richtigkeit von Angaben, Hinweisen, Links und Ratschlägen sowie eventuelle Druckfehler keine Haftung.

Das Buch bei GRIN: https://www.grin.com/document/1524102

Einsendeaufgabe

Name, Vorname	Krempchen, Loris
Studiengang	Bachelor Fitnessökonomie
Studienmodul	Trainingslehre II
Termin Lehrveranstaltung (siehe Ergebnisdokumentation)	21.10. - 23.10.2024
Aufgabe	Erstellen Sie für eine Person ohne Ausdauertrainingserfahrung (weder aktuell noch aus früheren sportlichen Aktivitäten) eine Trainingsplanung für das Ausdauertraining.

Inhaltsverzeichnis

1 Teilaufgabe 1 – Diagnose 3

   1.1   Allgemeine und biometrische Daten 3

        1.1.1   Daten des Kunden 3

        1.1.2   Einordnung der biometrischen Parameter 3

   1.2   Leistungsdiagnostik/Ausdauertraining 4

        1.2.1   Begründung des Testverfahrens 4

        1.2.2   Darstellung des Tests 4

        1.2.3   Bewertung der Testergebnisse 5

   1.3   Einordnung des Gesundheits- und Leistungsstatus 5

2 Teilaufgabe 2 – Zielsetzung/Prognose 5

   2.1   Tabellarische Darstellung der Zielsetzung 5

   2.2   Begründung der Zielauswahl 6

3 Teilaufgabe 3 – Trainingsplanung Mesozyklus 7

   3.1   Grobplanung Mesozyklus 7

   3.2   Detailplanung Mesozyklus 7

   3.3   Begründung des Mesozyklus 9

        3.3.1   Begründung zu den angesteuerten Trainingsbereichen 9

        3.3.2   Begründung zu den ausgewählten Trainingsmethoden 10

        3.3.3   Begründung zum angestrebten wöchentlichen Belastungsumfang 10

        3.3.4   Begründung zur Belastungsprogression 10

        3.3.5   Begründung zu den ausgewählten Ausdauergeräten bzw. Bewegungsformen 11

4 Literaturrecherche 13

5 Literaturverzeichnis 15

6 Tabellenverzeichnis 16

1 Teilaufgabe 1 – Diagnose

1.1 Allgemeine und biometrische Daten

1.1.1 Daten des Kunden

Tabelle 1: Darstellung der allgemeinen und biometrischen Daten

Alter	30 Jahre
Geschlecht	Männlich
Körpergröße	175 cm
Körpergewicht	80 kg
Körperfettanteil	22 %
Trainingsmotive	Stressabbau, Optik verbessern
Berufliche Tätigkeit	Programmierer (Vollzeit)
Bisherige sportliche Aktivitäten	Keine Trainingserfahrung
Zeitlicher Verfügungsrahmen	Dreimal 60 Minuten pro Woche
Blutdruck	120/80 (systolisch/diastolisch)
Ruhepuls	70 Schläge pro Minute
Subjektives Stressempfinden (Skala 1-10); 1 = minimal, 5 = ausgeglichen in Bezug auf Be- und Entlastung, 10 = überlastet	6,5

1.1.2 Einordnung der biometrischen Parameter

Die meisten gesunden Erwachsenen weisen einen Ruhepuls von 55 bis 85 Schlägen pro Minute auf (Dr. Howard LeWine, 2023). Die hier dargestellte Ruheherzfrequenz von 70 Schlägen ist somit im Normalbereich zu verorten.

Im Hinblick auf den Blutdruck wurde ein systolischer Wert von 120 mmHG und ein diastolischer Wert von 80 mmHG festgestellt. Die Werte liegen somit im niedrigen Normalbereich (vgl. Tabelle 2).

Der Körperfettanteil wurde mithilfe einer „seca TRU"-Messanlage erfasst. Er ist mit 22 % für einen 30-Jährigen tendenziell zu hoch, keinesfalls jedoch ideal (American College of Sports Medicine [ACSM], 2013).

Tabelle 2: Definition und Klassifizierung von Blutdruckwerten (Mancia et al., 2013, S. 2165)

Kategorie	systolisch		diastolisch
Optimal	< 120 mmHG	und	< 80 mmHG
Normal	120-129 mmHG	und/oder	80-84 mmHG
Hochnormal	130-139 mmHG	und/oder	85-89 mmHG
Hypertonie Grad 1	140-159 mmHG	und/oder	90-99 mmHG
Hypertonie Grad 2	160-179 mmHG	und/oder	100-109 mmHG
Hypertonie Grad 3	≥ 180 mmHG	und/oder	≥ 110 mmHG
Einzeln auftretende systolische Hypertonie	≥ 140 mmHG	und	< 90 mmHG

1.2 Leistungsdiagnostik/Ausdauertraining

1.2.1 Begründung des Testverfahrens

Zur Testung des aktuellen Leistungsstands wird der Hollmann/Venrath-Test auf dem Fahrradergometer durchgeführt. Bei dieser Methode handelt es sich um ein submaximales Testverfahren, was vor allem für Trainingsanfänger Vorteile mit sich bringt. Und das, obwohl die hier dargestellte Person keine Einschränkungen mitbringt, die einen maximalen Belastungstest per se ausschließen würden. Das Problem ist, dass ein Trainingsanfänger selten motiviert und entschlossen genug ist, um wirklich an das eigene Limit zu gehen. Auch ist es für Trainingsanfänger oft schwer, die getestete Bewegung bei hoher Belastung noch technisch sauber durchzuführen. Die Regenerationszeit nach einem Maximaltest wäre tendenziell zu lang und die Messung könnte eher „abschrecken", als dass sie motivierend wirkt. Da es sich aber bei dem Kunden um einen gesunden Mann im Alter von 30 Jahren handelt, der demzufolge auch ohne Trainingserfahrung eine gewisse Leistungsfähigkeit mitbringen kann, wurde der Hollmann/Venrath-Test der WHO-Testung vorgezogen.

1.2.2 Darstellung des Tests

Tabelle 3: Details zum Testverfahren

Testmethode	Hollmann/Venrath-Test
Testgerät	Fahrradergometer (drehzahlunabhängig)
Anfangsbelastung	30 Watt
Belastungssteigerung pro Stufe	40 Watt
Stufendauer	3 Minuten
Pulsobergrenze/Testende	180 - Lebensalter = 150 Schläge/Minute
Messung	Belastungsstufe bei der maximalen Herzfrequenz unter Berücksichtigung der Zeit, die seit Erreichen dieser Stufe verstrichen ist Verwendung eines Brustgurtes zur Pulsmessung
Einordnung	Unter Zuhilfenahme der Normwerttabelle nach IPN (IPN zit. nach Eifler & Kettenis, 2024), also Bewertung unter Berücksichtigung des Körpergewichts

Tabelle 4: Test-Herzfrequenzen bei den jeweiligen Belastungsstufen

Belastungsstufe	Zeit	Leistung	Herzfrequenz
	-Vor der Belastung-		75 S/Min
1	Minute 1-3	30 Watt	Nach 3 Min.: 93 S/Min
2	Minute 4-6	70 Watt	Nach 6 Min.: 112 S/Min
3	Minute 7-9	110 Watt	Nach 9 Min.: 128 S/Min
4	Minute 10-12	150 Watt	Nach 12 Min.: 144 S/Min
5	Minute 13-15	190 Watt	Nach 12 Min 20 Sek.: 150 S/Min

1.2.3 Bewertung der Testergebnisse

Nach 12 Minuten und 20 Sekunden erreicht der Kunde die vorher festgelegte Pulsobergrenze von 150 Schlägen pro Minute. Somit hat er die vierte Belastungsstufe komplett und zusätzlich 1/9 der fünften Belastungsstufe bis zum Erreichen der Pulsobergrenze durchlaufen. Durch Zeitinterpolieren ergibt sich eine Leistung von circa 154 Watt bei 150 S/min:

150 Watt + 1/9 x 40 Watt = $154,\overline{4}$ Watt

Die Leistung relativ zum Körpergewicht bei diesem Test beträgt somit gerundet 1,93 Watt/kg (154 Watt/80 kg). Damit ist das Abschneiden des Kunden bei diesem Test nach der IPN-Normwerttabelle (IPN zit. nach Eifler & Kettenis, 2024) als „durchschnittlich" einzustufen.

1.3 Einordnung des Gesundheits- und Leistungsstatus

Aus den biometrischen Daten und dem Abschneiden des Kunden beim Hollmann/Venrath-Test ergeben sich keinerlei Kontraindikationen zum Ausdauertraining. Der Kunde scheint - basierend auf den Werten - gesund zu sein. Ein Ausdauertrainingsplan, der mit moderaten Intensitäten beginnt, ist demnach zumutbar. Gleichzeitig muss man sagen, dass der Kunde für sein Alter auch keine idealen biometrischen Werte aufweist. Aufgrund dessen beziehen sich die im Folgenden genannten Ziele hauptsächlich auf ebendiese Werte.

2 Teilaufgabe 2 – Zielsetzung/Prognose

2.1 Tabellarische Darstellung der Zielsetzung

Tabelle 5: Zieldarstellung

Inhalt	Ausmaß	Zeit
Senkung des subjektiven Stressempfindens	Von 6,5 auf 5	8 Wochen
Senkung des Ruhepulses	Um 2 Schläge/Minute	8 Wochen
Senkung des Körperfettanteils	Um 2 %	8 Wochen

2.2 Begründung der Zielauswahl

Das erste Trainingsmotiv des Kunden ist die Stressreduktion. Um dieses Motiv als messbaren Umstand darstellen zu können, wurde der Kunde darum gebeten, das eigene Stresslevel auf einer Skala von 1-10 zu bewerten. Mit 6,5/10 ordnet der Kunde sein Stresslevel als recht hoch ein. Er selbst ist der Meinung, dass eine Senkung dieses Levels seiner Lebensqualität zuträglich sei. Eine Reduktion auf den Wert „5" ist hier realistisch, da Ausdauertraining auf verschiedenen Wegen das Stresslevel senken kann. Zum einen schafft der Kunde durch die vermehrte Bewegung einen Ausgleich zu seiner sitzenden Programmierer-Tätigkeit. Zum anderen macht Ausdauertraining resilienter und kann sogar die Aktivität des parasympathischen Nervensystems steigern (Casanova-Lizón, Manresa-Rocamora, Flatt, Sarabia & Moya-Ramón, 2022). Dies ist mitunter auch ein Grund für die Senkung des Ruhepulses, die mit regelmäßigem Ausdauertraining einhergehen kann. Auch aus gesundheitlicher Sicht kann die hier angestrebte Senkung von Vorteil sein. Da es sich bei dem Kunden um einen Trainingsanfänger ohne nennenswerte Erfahrungen im Ausdauersport handelt, kann man hier von einer Reduktion der Ruheherzfrequenz um zwei Schläge pro Minute als Ziel ausgehen.

Ein weiteres Trainingsmotiv des Kunden ist es, sein äußeres Erscheinungsbild zu verändern. Da durch Ausdauersport keine allzu großen Zuwächse an Muskelmasse zu erwarten sind, ist das hier angestrebte Hauptziel der Fettverlust. Dieser kann durch den während des Ausdauersports erhöhten Energiebedarf erleichtert werden. Wichtig ist hier, dass die Ernährung im richtigen Verhältnis zum Energiebedarf steht, sodass ein Energiedefizit hergestellt werden kann. Zwei Prozent Körperfett entsprechen im Fall des Kunden 1,6 kg Fettmasse. Geht man davon aus, dass eine Energiemenge von 7000 bis 8000 kcal aus einem Kilogramm Körperfett bereitgestellt werden kann, so muss ein Defizit von etwa 12000 kcal in den sechs Wochen hergestellt werden, um das Ziel zu erreichen. Das ist zwar ohne Frage zu bewerkstelligen, aber eben nicht nur über die zusätzlich durch den Ausdauersport verbrauchte Energiemenge. Man muss hier bedenken, dass der Kunde nur dreimal pro Woche trainieren kann, also 24 Trainingseinheiten in acht Wochen absolvieren wird. Das heißt also, dass der *zusätzliche* Energieverbrauch pro Trainingseinheit bei etwa 500 [12000/24] kcal liegen müsste. Davon lässt sich hier leider nicht ausgehen. Deshalb wurde der Kunde dazu angewiesen, seine tägliche, rituelle Tafel Schokolade (ca. 500 kcal) durch eine Option mit einem niedrigeren Brennwert auszutauschen (z.B. 250 g Magerquark, 50 g Beerenfrüchte; ca.250 kcal). Die dadurch „eingesparte" Energiemenge von mindestens 200 kcal pro Tag macht das Ziel bei sonst gleichbleibendem Essverhalten realistisch.

3 Teilaufgabe 3 – Trainingsplanung Mesozyklus

3.1 Grobplanung Mesozyklus

Tabelle 6: Grobplanung des Mesozyklus

Dauer	8 Wochen
Zielsetzung	Fettverlust, Stressabbau, Senkung der Ruheherzfrequenz
Trainingsumfang pro Woche	90-150 Minuten
Trainingsmethoden	• Extensive Dauermethode • Variable Dauermethode • Intensive Dauermethode
Belastungsintensitäten	• Extensive DM: 50-60 % (REKOM) bzw. 60-75 % der max. HF • Variable DM: 60-85 % der max. HF • Intensive DM: 75-85 % der max. HF
Trainingshäufigkeit pro Woche	Drei Trainingstage
Trainingsdauer pro Einheit	30-60 Minuten
Ausdauertrainingsgeräte	Fahrradergometer, Crosstrainer, Laufband

3.2 Detailplanung Mesozyklus

Tabelle 7: Detailplanung des Mesozyklus

	Woche 1		
Trainingstag	Dienstag	Donnerstag	Samstag
Ziel	Gewöhnung an die Trainingsgeräte, Grundlagenausdauer stärken		
Methode	Extensive DM	Extensive DM	Extensive DM
Intensität	60-70 % HF_{max}	60-70 % HF_{max}	60-70 % HF_{max}
Herzfrequenz	Pulsuntergrenze: 114 S/min Pulsobergrenze: 133 S/min	Pulsuntergrenze: 102 S/min Pulsobergrenze: 119 S/min	Pulsuntergrenze: 114 S/min Pulsobergrenze: 133 S/min
Dauer/Einheit	30 Minuten	30 Minuten	30 Minuten
Trainingsgerät	Crosstrainer	Fahrradergometer	Crosstrainer
	Woche 2		
Trainingstag	Dienstag	Donnerstag	Samstag
Ziel	Gewöhnung an höhere Trainingsumfänge, GA1		
Methode	Extensive DM	Variable DM	Extensive DM
Intensität	60-70 % HF_{max}	60-65 % HF_{max} (ext.) 70-75 % HF_{max} (int.)	60-70 % HF_{max}
Herzfrequenz	Pulsuntergrenze: 114 S/min Pulsobergrenze: 133 S/min	Pulsuntergrenze: 102 S/min Pulsobergrenze: 128 S/min	Pulsuntergrenze: 114 S/min Pulsobergrenze: 133 S/min
Dauer/Einheit	40 Minuten	30 Minuten (5-5*)	40 Minuten
Trainingsgerät	Crosstrainer	Fahrradergometer	Crosstrainer

	Woche 3		
Trainingstag	Dienstag	Donnerstag	Samstag
Ziel	Gewöhnung an höhere Trainingsumfänge, GA1		
Methode	Extensive DM	Variable DM	Extensive DM
Intensität	60-70 % HFmax	60-65 % HFmax (ext.) 70-75 % HFmax (int.)	60-70 % HFmax
Herzfrequenz	Pulsuntergrenze: 114 S/min Pulsobergrenze: 133 S/min	Pulsuntergrenze: 102 S/min Pulsobergrenze: 128 S/min	Pulsuntergrenze: 114 S/min Pulsobergrenze: 133 S/min
Dauer/Einheit	50 Minuten	40 Minuten (5-5*)	50 Minuten
Trainingsgerät	Crosstrainer	Fahrradergometer	Crosstrainer
	Woche 4		
Trainingstag	Dienstag	Donnerstag	Samstag
Ziel	Gewöhnung an höhere Trainingsumfänge, GA1, REKOM		
Methode	Extensive DM	Extensive DM	Extensive DM
Intensität	60-70 % HFmax	60-70 % HFmax	50-60 % HFmax
Herzfrequenz	Pulsuntergrenze: 114 S/min Pulsobergrenze: 133 S/min	Pulsuntergrenze: 114 S/min Pulsobergrenze: 133 S/min	Pulsuntergrenze: 85 S/min Pulsobergrenze: 102 S/min
Dauer/Einheit	60 Minuten	60 Minuten	30 Minuten
Trainingsgerät	Crosstrainer	Crosstrainer	Fahrradergometer
	Woche 5		
Trainingstag	Dienstag	Donnerstag	Samstag
Ziel	Gewöhnung an höhere Intensitäten, GA1		
Methode	Variable DM	Extensive DM	Variable DM
Intensität	60-65 % HFmax (ext.) 70-75 % HFmax (int.)	60-70 % HFmax	60-65 % HFmax (ext.) 70-75 % HFmax (int.)
Herzfrequenz	Pulsuntergrenze: 114 S/min Pulsobergrenze: 143 S/min	Pulsuntergrenze: 102 S/min Pulsobergrenze: 119 S/min	Pulsuntergrenze: 114 S/min Pulsobergrenze: 143 S/min
Dauer/Einheit	40 Minuten (3-5*)	60 Minuten	40 Minuten (3-5*)
Trainingsgerät	Crosstrainer	Fahrradergometer	Crosstrainer
	Woche 6		
Trainingstag	Dienstag	Donnerstag	Samstag
Ziel	Gewöhnung an höhere Intensitäten, GA1 und GA2		
Methode	Intensive DM	Extensive DM	Variable DM
Intensität	75-80 % HFmax	60-70 % HFmax	60-65 % HFmax (ext.) 70-75 % HFmax (int.)
Herzfrequenz	Pulsuntergrenze: 143 S/min Pulsobergrenze: 152 S/min	Pulsuntergrenze: 102 S/min Pulsobergrenze: 119 S/min	Pulsuntergrenze: 114 S/min Pulsobergrenze: 143 S/min
Dauer/Einheit	25 Minuten	60 Minuten	45 Minuten (5-10*)
Trainingsgerät	Crosstrainer	Fahrradergometer	Crosstrainer
	Woche 7		
Trainingstag	Dienstag	Donnerstag	Samstag
Ziel	Etablieren neues Trainingsgerät, GA1 und GA2		
Methode	Extensive DM	Intensive DM	Extensive DM
Intensität	60-70 % HFmax	75-80 % HFmax	60-70 % HFmax
Herzfrequenz	Pulsuntergrenze: 114 S/min Pulsobergrenze: 133 S/min	Pulsuntergrenze: 143 S/min Pulsobergrenze: 152 S/min	Pulsuntergrenze: 114 S/min Pulsobergrenze: 133 S/min
Dauer/Einheit	20 Minuten	30 Minuten	60 Minuten
Trainingsgerät	Laufband (Laufen)	Crosstrainer	Crosstrainer

	Woche 8		
Trainingstag	Dienstag	Donnerstag	Samstag
Ziel		GA1, GA2, REKOM	
Methode	Extensive DM	Variable DM	Extensive DM
Intensität	60-70 % HF_{max}	60-65 % HF_{max} (ext.) 75-80 % HF_{max} (int.)	50-60 % HF_{max}
Herzfrequenz	Pulsuntergrenze: 114 S/min Pulsobergrenze: 133 S/min	Pulsuntergrenze: 114 S/min Pulsobergrenze: 152 S/min	Pulsuntergrenze: 85 S/min Pulsobergrenze: 102 S/min
Dauer/Einheit	30 Minuten	45 Minuten (5-10*)	45 Minuten
Trainingsgerät	Laufband (Laufen)	Crosstrainer	Fahrradergometer

*(extensiv/intensiv)

3.3 Begründung des Mesozyklus

3.3.1 Begründung zu den angesteuerten Trainingsbereichen

Der Fokus des Mesozyklus liegt auf dem Training im Grundlagenausdauerbereich 1. Die in Tabelle 7 aufgeführten Intensitäten sind relativ zur maximalen Herzfrequenz, die für Crosstrainer und Laufband mit der Formel „220 – Lebensalter (LA)" und für das Fahrradergometer mit „200 – LA" berechnet worden sind. Dieser Trainingsbereich zeichnet sich durch die fast ausschließlich aerobe Energiebereitstellung und (damit verbunden) durch vergleichsweise geringe Trainingsintensitäten aus. Für den Kunden ergibt sich mithilfe dieses Trainingsbereichs die Möglichkeit, sich langsam an die Trainingsgeräte zu gewöhnen. Auch kann er aufgrund seines Trainingsstands selbst mit sehr geringen Trainingsumfängen im GA1-Bereich mit Anpassungen rechnen, was bei Trainierten nicht der Fall ist. Dennoch ist zu erwähnen, dass höhere Trainingsintensitäten natürlich auch Vorzüge mit sich bringen. Zum einen in puncto Zeiteffizienz (Burgomaster et al., 2008), zum anderen im Hinblick auf das Stresslevel. Und das, obwohl man in Bezug auf Letzteres erstmal von mehr körperlichem „Stress" verglichen mit weniger intensivem Training ausgehen muss. Dennoch gibt es Literatur, die darauf hindeutet, dass der Anstieg des Cortisolspiegels bei psychischen Stressoren durch vorangehendes, intensives Training stärker verringert wird als durch weniger intensives Training (Caplin, Chen, Beauchamp & Puterman, 2021). Basierend auf diesem Gedanken wäre ein kurzes, intensives Training vor der Arbeit zur Verbesserung des Wohlbefindens denkbar. Das oben genannte Argument der Zeiteffizienz allerdings wird durch das großzügige Zeitbudget in Kombination mit dem Trainingsstatus des Kunden entkräftet. Denn, wie bereits angedeutet, kann ein Anfänger auch mit geringer Intensität und moderatem Trainingsumfang merkliche Erfolge erzielen. Trotzdem wird - zuletzt auch damit das Training abwechslungsreich bleibt – der Grundlagenausdauerbereich 2 eingebunden.

3.3.2 Begründung zu den ausgewählten Trainingsmethoden

Der Kunde führt im Rahmen dieser Trainingsplanung die extensive, variable und intensive Dauermethode aus. Die Wahl dieser Trainingsmethoden hängt damit zusammen, dass zunächst hauptsächlich der Grundlagenausdauerbereich 1 angesteuert werden soll, was eine niedrigere Herzfrequenz erfordert (vgl. 3.3.1). Hier bietet sich besonders die extensive Dauermethode an. Die variable Dauermethode stellt im weiteren Verlauf nicht nur eine Abwechslung dar, sondern bereitet den Kunden auch auf intensivere Belastungen vor. Sie fungiert in dem hier dargestellten Mesozyklus in Bezug auf die Progression als Bindeglied zwischen der extensiven und der intensiven Dauermethode (vgl. 3.3.2). Von Intervallmethoden wurde hier mangels Trainingserfahrung des Kunden abgesehen. Es wäre denkbar, diese nach Absolvieren des dargestellten Mesozyklus in den Trainingsalltag zu integrieren.

3.3.3 Begründung zum angestrebten wöchentlichen Belastungsumfang

Ein Maximum für den wöchentlichen Belastungsumfang wird bereits vom Kunden als Kriterium aufgestellt: Er kann dreimal in der Woche je 60 Minuten trainieren. Es ist nicht notwendig und oft auch nicht zielführend, dieses Zeitbudget schon in der ersten Woche voll auszukosten. Anfangs liegt der wöchentliche Belastungsumfang bei lediglich 90 Minuten Trainingszeit, er wird aber in der ersten Hälfte des Mesozyklus von Woche zu Woche angehoben. Der Trainingsumfang ist hier nicht *nur* auf die erwartete Belastbarkeit des Kunden (beziehungsweise den Zeitabschnitt im Mesozyklus) zugeschnitten, sondern auch auf die Trainingsintensität angepasst. Demnach steigt er nicht linear von Woche zu Woche an, und wird sogar im letzten Abschnitt des Mesozyklus reduziert (vgl. 3.3.4).

3.3.4 Begründung zur Belastungsprogression

Einige Grundlagen der hier verwendeten Belastungsprogression wurden schon in den vorangehenden Kapiteln umrissen. In den ersten drei Wochen erfolgt die Belastungssteigerung hauptsächlich über den wöchentlichen Belastungsumfang. Im vorliegenden Mesozyklus wird dieser Effekt ausschließlich durch das Erhöhen der Trainingsdauer pro Einheit erzielt, denn die Trainingsfrequenz bleibt bestehen. Bereits in der zweiten Woche wird jedoch auch die variable Dauermethode integriert. So muss der Kunde eine erhöhte Belastungsintensität zunächst nur für einen geringen Zeitraum (5 Minuten) aufrechterhalten. Bei der variablen Dauermethode bietet sich neben der Erhöhung der Trainingsdauer noch eine weitere Möglichkeit der Belastungssteigerung an: Es lässt sich das zeitliche

Verhältnis zwischen den extensiven und den intensiven Trainingsabschnitten modifizieren. So sieht die erste Einheit mit dieser Trainingsmethode eine intensive Phase von 5 Minuten gefolgt von einer extensiven Phase über denselben Zeitraum vor (Verhältnis [ext/int] 1/1). Im Folgenden wird das Verhältnis verändert, indem die Dauer der extensiven Phase auf drei Minuten herabgesetzt wird. Die Gesamtdauer der Trainingseinheit liegt weiterhin bei 40 Minuten. Die Belastungssteigerung ist hier dennoch beachtlich, da der Kunde zum einen in kürzeren Zeitabständen mit hohen Intensitäten trainiert, und zum anderen nun jeweils fünf statt vier extensive und intensive Phasen durchläuft. Mit dieser Einheit hat der Kunde nun in Woche vier zweimal 25 Minuten in einem Bereich von maximal 75 % seiner maximalen Herzfrequenz trainiert. So ist die Basis geschaffen für den letzten Block (Woche 5 bis 6), in welchem der Kunde in der ersten Einheit mindestens ebendiese Herzfrequenz für 25 Minuten aufrechterhält, wobei die Herzfrequenz während der Gesamtheit der Belastung konstant bleiben soll und es keine extensiven Phasen gibt. Die anaerobe Glykolyse spielt nun eine nicht zu vernachlässigende Rolle und durch das Fehlen der extensiven Phasen wird der Körper erstmals mit erhöhten Laktatkonzentrationen konfrontiert. Da der Kunde also das erste Mal über eine solche Dauer eine Herzfrequenz von 75-80 % der Hf_{max} beibehalten soll, stellt diese Einheit eine Steigerung zur variablen Dauermethode dar, obwohl der Kunde mit dieser umfangreicher beziehungsweise „mehr" oder „länger" trainiert hat. So erklärt sich auch, dass der Wochenumfang im letzten Block reduziert wird, denn hier liegt das Hauptaugenmerk auf der Steigerung der Trainingsintensität und der Einführung des Laufens in den Trainingsalltag. Allgemein lässt sich sagen, dass hier von Woche zu Woche entweder der Trainingsumfang oder die Trainingsintensität in hohem Maße gesteigert wird, niemals beides parallel.

3.3.5 Begründung zu den ausgewählten Ausdauergeräten bzw. Bewegungsformen

Zu Anfang des Mesozyklus wurden das Fahrradergometer und der Crosstrainer als Trainingsgeräte ausgewählt. Der Hauptgrund dieser Auswahl sind die geringen koordinativen Ansprüche, welche die Benutzung der Geräte mitbringt. Ein Unterschied zwischen Crosstrainer und dem Fahrradergometer ist, dass bei Letzterem hauptsächlich die Muskulatur des Unterkörpers in den Fokus rückt, während der Crosstrainer den Körper eher ganzheitlich belastet. Demzufolge unterscheiden sich nicht nur die errechneten Trainingsherzfrequenzen (vgl. Tabelle 7), sondern auch der zu erwartende Energieverbrauch während des Trainings. In der Regel wird jener beim Crosstrainer höher sein, was angesichts des Ziels der Körperfettreduktion als Argument zugunsten dieses Geräts zu sehen ist. Dazu kommt, dass der Kunde aus beruflichen Gründen bereits einige Stunden am Tag sitzt. Das Training auf dem Crosstrainer kann hier einen Ausgleich schaffen, während die meisten Fahrradergometer eine ähnliche Haltung wie die Arbeit am Schreibtisch voraussetzen. Aus diesem Grund führt der Kunde zunächst zwei Einheiten pro Woche auf dem Crosstrainer und nur eine auf dem Fahrradergometer aus.

Der zuvor genannte „Nachteil" des Fahrradergometers in Bezug auf die aktivierte Muskulatur kann jedoch auch bewusst im Sinne des Kunden eingesetzt werden. Etwa ist die vom Kunden subjektiv wahrgenommene Belastung bei einem Training auf dem Fahrradergometer in der Regel geringer als bei einer vergleichbaren Einheit auf dem Crosstrainer. Das ist der Hintergrund der Auswahl des Fahrradergometers für die erste Einheit der variablen Dauermethode (vgl. Tabelle 7); Demnach kann hier ein „leichterer" Einstieg in diese Trainingsmethode gefunden werden. Auch für Einheiten, die der Rekompensation dienen sollen (REKOM), ist das Fahrradergometer-Training das Mittel der Wahl.

Im letzten Trainingsblock wird das Laufen auf dem Laufband in den Plan integriert. Diese Änderung bringt nicht nur Abwechslung in den Trainingsalltag, sondern sie erleichtert auch das langfristige Aufrechterhalten der Trainingsroutinen. Denn das Laufen kann ohne das entsprechende Ergometer durchgeführt werden, was es vom Training auf dem Crosstrainer unterscheidet. Ein Grund, weshalb der Mesozyklus in den ersten vier Wochen auf das Laufen verzichtet, sind die hohen koordinativen Ansprüche. Ziel ist es, erst eine Grundfitness im GA1-Bereich aufzubauen, bevor das Laufen eingebunden wird. Ebendiese koordinativen Ansprüche sind auch das Argument dafür, dass der Trainingsumfang der Laufband-Einheiten so gering gewählt ist.

4 Literaturrecherche

Tabelle 8: Darstellung der ersten Studie zu Ausdauersport bei koronarer Herzkrankheit (Wang, Shen & Xu, 2019)

Wer hat die Studie durchgeführt?	Yatin Wang, Li Shen, Danyan Xu
In welchem Jahr wurde die Studie publiziert?	2019
Welche Forschungsfrage wurde untersucht?	Welche Auswirkungen hat moderates Ausdauertraining auf die Blutfettwerte und die Konzentration des ApoproteinC3 (ApoC3) bei Patienten mit koronarer Herzkrankheit?
Mit welchen Versuchspersonen wurde die Studie durchgeführt?	38 Personen (30 Männer, 8 Frauen) im Alter zwischen 48 und 76 Jahren mit koronarer Herzkrankheit und ohne Begleiterkrankung, die eine Kontraindikation zum Ausdauersport darstellt
Wie sah der Versuchsaufbau der Studie aus?	Die 38 Personen wurden in zwei Gruppen zu je 19 Personen aufgeteilt. Eine Gruppe führte acht Wochen lang fünf 45-minütige, überwachte Trainingseinheiten durch mit 25-minütiger Belastungszeit bei 60-80 % der HF_{max}. Die Kontrollgruppe hat kein Ausdauertraining durchgeführt, jedoch erhielten beide Gruppen Medikamente. Die Probanden gaben an, ob sie jemals von Bluthochdruck oder Diabetes betroffen waren oder geraucht haben. Triglycerid-Werte sowie diese des HDL- und LDL-Cholesterins und des ApoC3 beider Gruppen wurden mittels einer Blutprobe (morgens und auf nüchternen Magen) vor und nach der 8-Wochen-Phase erfasst und verglichen. Auch der BMI wurde zu Anfang und nach 8 Wochen erfasst.
Welche relevanten Ergebnisse und Schlussfolgerungen lieferte die Studie?	Die Blutfettwerte der Kontrollgruppe blieben weitgehend unverändert. Die Ausdauertrainings-Gruppe konnte eine Senkung des ApoC3 und der Triglycerid-Konzentration und einen Anstieg des HDL-Cholesterins verzeichnen. BMI und LDL-Cholesterin veränderten sich kaum. Die Studie weist darauf hin, dass sich Ausdauertraining als effektive Methode, das Blutfettprofil von Patienten mit KHK zu verbessern, nutzen lässt.

Tabelle 9: Darstellung der zweiten Studie zu Ausdauersport bei koronarer Herzkrankheit (Conraads et al., 2015)

Wer hat die Studie durchgeführt?	Viviane M. Conraads, Nele Pattyn, Catherine De Maeyer, Paul J. Beckers, Ellen Coeckelberghs, Véronique A. Cornelissen, Johan Denollet, Geert Frederix, Kaatje Goetschalckx, Vicky Y. Hoymans, Nadine Possemiers, Dirk Schepers, Bharati Shivalkar, Jens-Uwe Voigt, Emeline M. Van Craenenbroeck, Luc Vanhees
In welchem Jahr wurde die Studie publiziert?	2015
Welche Forschungsfrage wurde untersucht?	Ist bei Patienten mit koronarer Herzkrankheit durch ein intensives Intervalltraining mit ausgeprägteren, positiven Anpassungen zu rechnen als durch ein Dauermethoden-Training von moderater Intensität?
Mit welchen Versuchspersonen wurde die Studie durchgeführt?	200 Versuchspersonen (180 Männer, 20 Frauen) im Alter zwischen 40 und 75 Jahren mit koronarer Herzkrankheit, die optimal medizinisch eingestellt sind und in den letzten vier Wochen gleichbleibende Symptome aufwiesen
Wie sah der Versuchsaufbau der Studie aus?	Die Probanden wurden im Verhältnis 1:1 in zwei Gruppen aufgeteilt. Beide Gruppen führten dreimal pro Woche für 12 Wochen ein beaufsichtigtes Ausdauertraining auf dem Fahrradergometer durch. Die erste Gruppe trainierte im Sinne der Dauermethode mit einer gleichbleibenden Herzfrequenz von mindestens 70-75 % der HF_{max}, während die zweite Gruppe in den intensiven Intervallen eine HF von 90-95 % der HF_{max} erreichen sollte. Zahlreiche Gesundheitsparameter wurden zunächst mithilfe eines Bluttests, einer Ultraschalluntersuchung, einer Körperanalyse und eines Fahrradergometer-Tests erfasst. Zudem wurde die Lebensqualität auf physischer und mentaler Ebene festgestellt. Die Werte wurden nach 12 Wochen, teilweise zusätzlich nach 6 Wochen, erneut aufgenommen und anschließend verglichen.
Welche relevanten Ergebnisse und Schlussfolgerungen lieferte die Studie?	Positive Veränderungen hinsichtlich der Parameter, die mit der Herz-Kreislauf-Gesundheit verbunden sind, sowie der Lebensqualität haben sich in beiden Gruppen in vergleichbarem Maße nach 12 Wochen eingestellt. Die Studie weist also darauf hin, dass beide Trainingsmethoden ähnlich effektiv sein können für Patienten, die unter einer KHK leiden. Eine von den Verfassern der Studie eigens in der Diskussion angesprochene „Schwäche" der Studie ist allerdings, dass die Trainingsherzfrequenz beider Gruppen in der Praxis deutlich näher beieinander lag als in der Theorie angedacht. Dementsprechend war das Training beider Gruppen in Bezug auf den Intensitätsbereich faktisch „ähnlicher", als es hätte sein sollen, was u.U. die sich gleichenden Trainingsanpassungen in den Gruppen erklärt.

5 Literaturverzeichnis

(2013). *ACSM's Health-Related Physical Fitness Assessment Manual, 5th edition.*

Burgomaster, K. A., Howarth, K. R., Phillips, S. M., Rakobowchuk, M., Macdonald, M. J., McGee, S. L. et al. (2008). Similar metabolic adaptations during exercise after low volume sprint interval and traditional endurance training in humans. *The Journal of Physiology, 586*(1), 151–160. https://doi.org/10.1113/jphysiol.2007.142109

Caplin, A., Chen, F. S., Beauchamp, M. R. & Puterman, E. (2021). The effects of exercise intensity on the cortisol response to a subsequent acute psychosocial stressor. *Psychoneuroendocrinology, 131*, 105336. https://doi.org/10.1016/j.psyneuen.2021.105336

Casanova-Lizón, A., Manresa-Rocamora, A., Flatt, A. A., Sarabia, J. M. & Moya-Ramón, M. (2022). Does Exercise Training Improve Cardiac-Parasympathetic Nervous System Activity in Sedentary People? A Systematic Review with Meta-Analysis. *International Journal of Environmental Research and Public Health, 19*(21). https://doi.org/10.3390/ijerph192113899

Conraads, V. M., Pattyn, N., Maeyer, C. de, Beckers, P. J., Coeckelberghs, E., Cornelissen, V. A. et al. (2015). Aerobic interval training and continuous training equally improve aerobic exercise capacity in patients with coronary artery disease: the SAINTEX-CAD study. *International Journal of Cardiology, 179*, 203–210. https://doi.org/10.1016/j.ijcard.2014.10.155

Dr. Howard LeWine (Harvard Health Publishing, Hrsg.). (2023). *What is a normal heart rate? Your pulse, both at rest and during exercise, can reveal your risk for heart attack and your aerobic capacity.*, Harvard Health Publishing. Verfügbar unter: https://www.health.harvard.edu/heart-health/what-your-heart-rate-is-telling-you

Eifler, C. & Kettenis, L. (2024, Februar). *Studienbrief Trainingslehre II*. Deutsche Hochschule für Prävention und Gesundheitsmanagement, Saarbrücken.

Mancia, G., Fagard, R., Narkiewicz, K., Redon, J., Zanchetti, A., Böhm, M. et al. (2013). 2013 ESH/ESC guidelines for the management of arterial hypertension: the Task Force for the Management of Arterial Hypertension of the European Society of Hypertension (ESH) and of the European Society of Cardiology (ESC). *European Heart Journal, 34*(28), 2159–2219. https://doi.org/10.1093/eurheartj/eht151

Wang, Y., Shen, L. & Xu, D. (2019). Aerobic exercise reduces triglycerides by targeting apolipoprotein C3 in patients with coronary heart disease. *Clinical Cardiology*, *42*(1), 56–61. https://doi.org/10.1002/clc.23104

6 Tabellenverzeichnis

Tabelle 1: Darstellung der allgemeinen und biometrischen Daten 3

Tabelle 2: Definition und Klassifizierung von Blutdruckwerten (Mancia et al., 2013, S. 2165) 3

Tabelle 3: Details zum Testverfahren 4

Tabelle 4: Test-Herzfrequenzen bei den jeweiligen Belastungsstufen 4

Tabelle 5: Zieldarstellung 5

Tabelle 6: Grobplanung des Mesozyklus 7

Tabelle 7: Detailplanung des Mesozyklus 7

Tabelle 8: Darstellung der ersten Studie zu Ausdauersport bei koronarer Herzkrankheit (Wang, Shen & Xu, 2019) 13

Tabelle 9: Darstellung der zweiten Studie zu Ausdauersport bei koronarer Herzkrankheit (Conraads et al., 2015) 14